der Ball

das Aquarium

die Tomate

der Schmetterling

der Becher

der Baseball-schläger

die Banane

der Bratenwender

der Hut

das Kaninchen

der Apfel

der Koffer

das Segelboot

die Dose

der Globus

die Flasche

Mein erstes Buch

BEI UNS ZUHAUSE

„Kannst du diese Gegenstände in diesem Buch finden? Vergiß nicht, nach Teddy zu suchen!"

die Lampe

die Spraydose

der Helm

Dies ist unser Haus

Kannst du die Zwillinge Jan und Monika auf dem Rasen entdecken? Sie sehen zu, wie ihre Mutter den Kinderwagen die Straße hinunterschiebt.

Papa ist in der Küche und bereitet das Mittagessen. Jan kommt die Treppe vor dem Haus herunter.

Mama und Papa haben beschlossen, daß ihr Haus viel zu klein ist, deshalb zieht die Familie morgen in ein neues Heim.

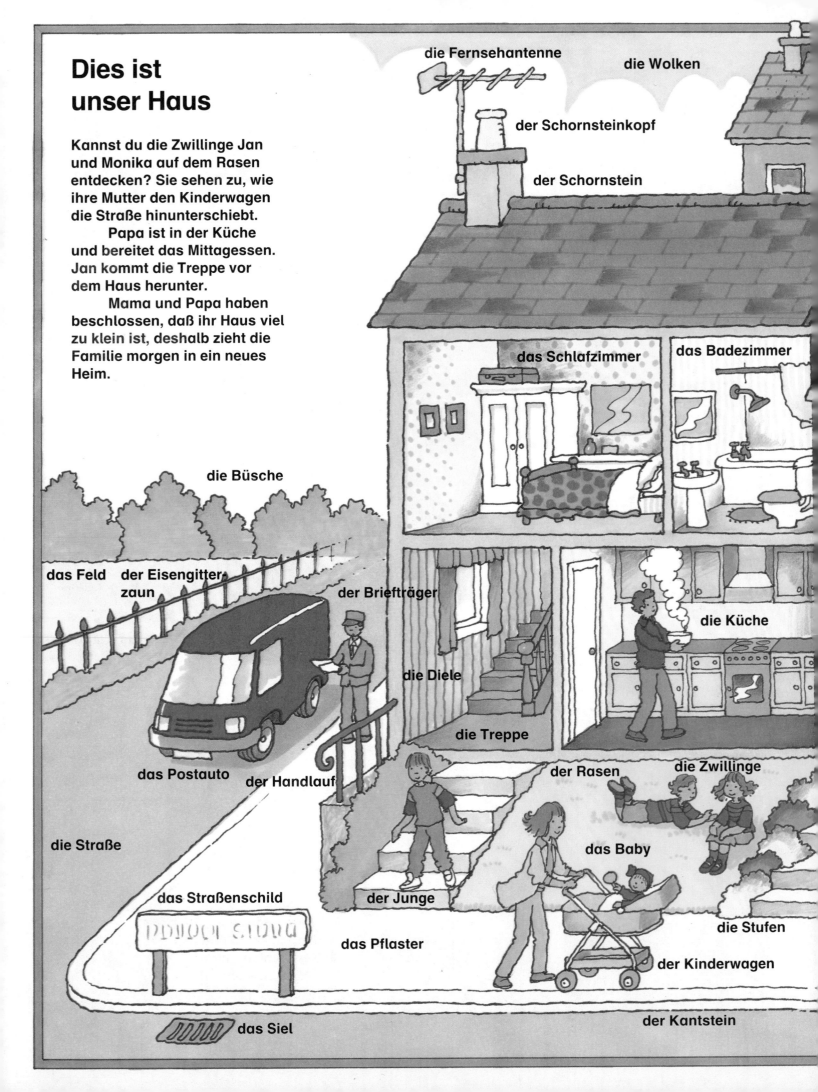

die Fernsehantenne

die Wolken

der Schornsteinkopf

der Schornstein

das Schlafzimmer

das Badezimmer

die Büsche

das Feld

der Eisengitterzaun

der Briefträger

die Küche

die Diele

das Postauto

der Handlauf

die Treppe

der Rasen

die Zwillinge

die Straße

das Baby

der Junge

das Straßenschild

das Pflaster

die Stufen

der Kinderwagen

der Kantstein

das Siel

Der Umzug

Am Umzugstag fährt früh am Morgen ein großer Möbelwagen vor.
Die Männer verladen die Möbel und viele Umzugskisten in den Lastwagen.
Schon bald ist es Zeit, dem alten Haus zum Abschied zuzuwinken.

das Bücherregal

die Kommode

die Hundehütte

der Teppich

die Packkiste

der Lampen-
schirm

das Sofa

das Klavier

die Lampe

das Bett

der Hocker

die Matratze

das Schild

der Umzugswagen

die Garten-
bank

die Briefe

der Möbelpacker

die Leiter

die Arbeitshose

der Eimer

der Briefträger

der Fensterputzer

der Einkaufswagen

Neue Nachbarn

Als sie bei ihrem neuen Haus ankommen, haben sich alle Nachbarn versammelt, um die Neuankömmlinge zu begrüßen.

Der Nachbar hat für Mama eine Zimmerpflanze mitgebracht, und der Junge von gegenüber sein Fahrrad, um es Peter zu zeigen.

Malen und renovieren

Eines der Zimmer in dem Haus muß renoviert werden. Mama schlägt vor, daß Papa die Wände tapezieren soll. Aber Papa findet diese Idee nicht gut! Auch einige der Freunde der Zwillinge helfen.

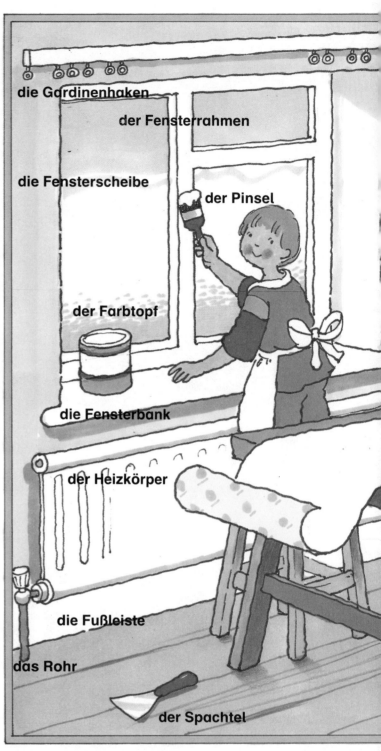

die Gardinenhaken

der Fensterrahmen

die Fensterscheibe

der Pinsel

der Farbtopf

die Fensterbank

der Heizkörper

die Fußleiste

das Rohr

der Spachtel

das Kopftuch

die Matte

die Fransen

der Handfeger

die Kehrschaufel

die Politur

der Kerzenhalter

der Stofflappen

der Staubwedel

die Scherben

das Fensterleder

das Spray

der Staubsauger

die Gardinenstange

die Glühbirne

der Türrahmen

das Tapetenmuster

die Wand

die Schürze

das Staubtuch

die Tür

der Eimer

der Lichtschalter

die Klappleiter

der Türgriff

die Tapete

die Steckdose

der Tapeziertisch

die Bürste

die Dielenbretter

die Schere

der Wandschrank

„die Pause"

Kaffee und Kuchen

In der Küche

Heute haben die Zwillinge Geburtstag. „Ich werde heute sechs!" sagt Jan „Genau wie ich!" kichert Monika.

Mama hat eine wunderbare Geburtstagstorte für die Feier am Nachmittag gebacken.

der Pfeffer

das Salz

der Herd

das Spaghettiglas

der Backofen

die Steckdose

der Stecker

das Kabel

der Teekessel

die Tasse

die Flamme

die Untertasse

die Sahnespritze

die Kerze

das Brot

das Küchenhandtuch

der Geburtstagskuchen

die Kuchenform

das Schneidebrett

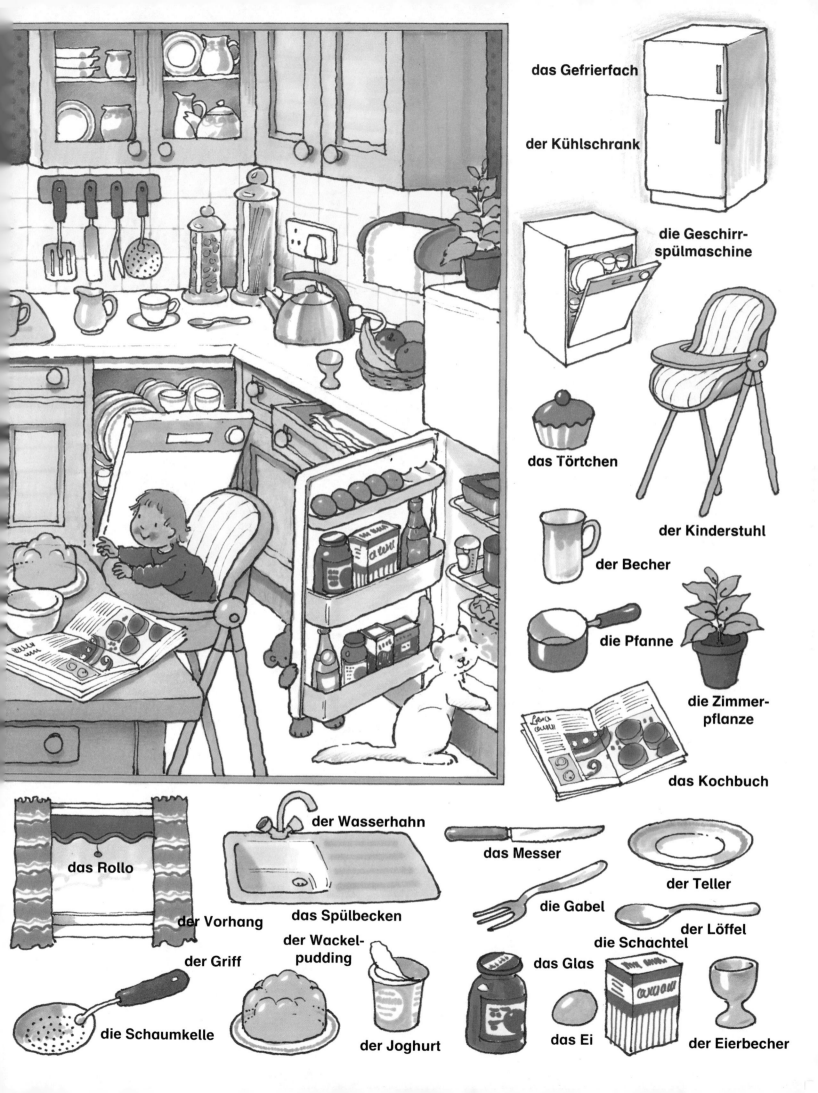

das Gefrierfach

der Kühlschrank

die Geschirr-
spülmaschine

das Törtchen

der Kinderstuhl

der Becher

die Pfanne

die Zimmer-
pflanze

das Kochbuch

der Wasserhahn

das Messer

der Teller

das Rollo

der Vorhang

das Spülbecken

die Gabel

der Löffel

die Schachtel

der Wackel-
pudding

das Glas

der Griff

die Schaumkelle

der Joghurt

das Ei

der Eierbecher

Die Geburtstagsfeier

Während Mama und Papa
den Tee holen, spielen die
Kinder „Such den Fingerhut."
     Derjenige, der den
Fingerhut findet, darf ihn
beim nächsten Mal verstecken.

die Wandleuchte

der Partyhut

der Fingerhut

die Schleife

das Geschenk

der Schallplatten-
spieler

das
Schleifenband

der Geschenk-
anhänger

die Fußbank

der Schein-
werfer

das Radio

die Schallplatte

die Zeitung

der Luftballon

das Foto

der Videorecorder

die Uhr

der Sessel

der Zeitungsständer

die Tasse

die Untertasse

die Teekanne

der Keks

der Teppich

der Kaffeetisch

das Kamingitter

der Milchtopf

das Sahnetörtchen

die Buchstütze

das Buch

die Kaffeekanne

die Zeitschrift

Das Baby-Schlafzimmer

Die kleine Regina muß als erste Schlafen gehen.

Regina hopst in ihrem Kinderbett auf und nieder. Sie sieht nicht besonders müde aus, nicht wahr?

die Schüssel

der Löffel

die Tasse

das Puder

die Flasche

der Kamm

der Kindersitz

der Fries

das Buch

das Mobile

die Bürste

das Kopfkissen

das Töpfchen

der Kleiderbügel

der Strampler

das Kinderbett

der Ball

die Schüssel

der Würfel

der Teddy

das Kaninchen

das Kopfkissen

der Kinderhochstuhl

der Clown

die Rassel

die Puppe

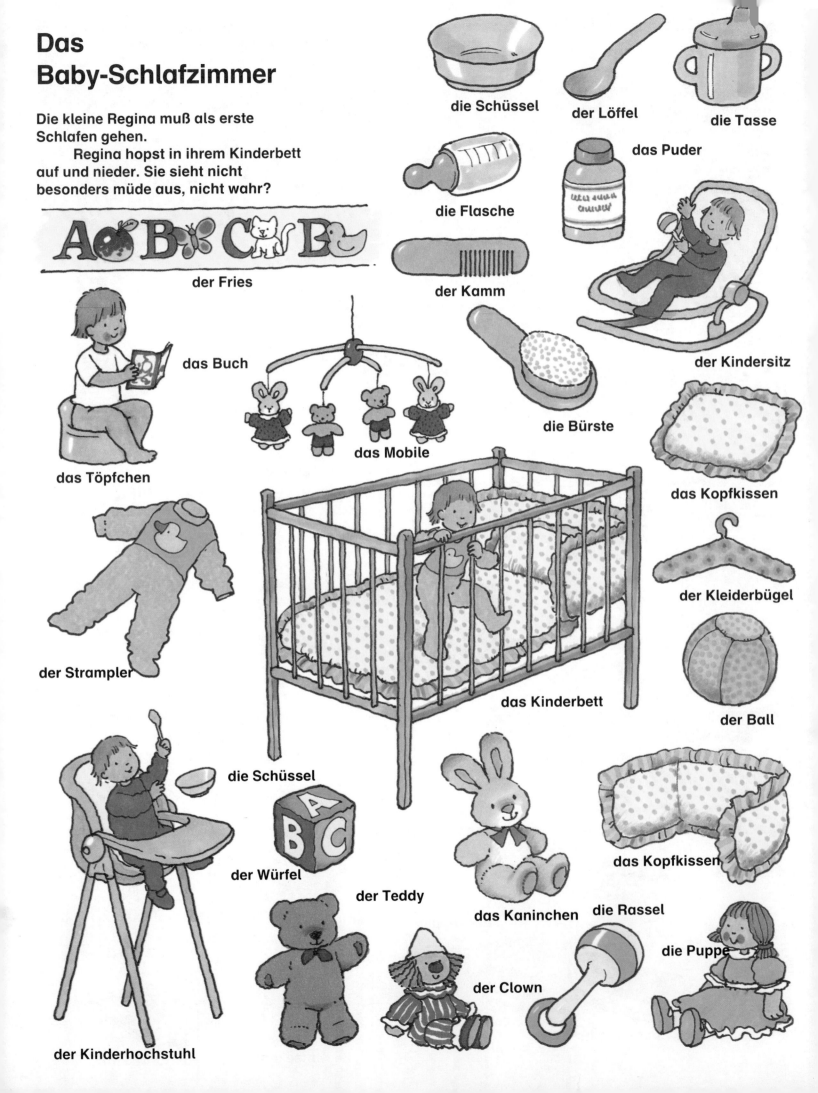

Das Badezimmer

Peter nimmt ein Bad, bevor er zu Bett geht. Er hat sich Reginas Spielzeugente ausgeliehen, aber er möchte nicht, daß irgend jemand davon erfährt!

der Spiegel

die Waage

die Zahnpasta

die Kette

die Dusche

die Toilettenpapierrolle

die Spielzeugente

das Boot

die Seife

die Zahnbürste

der Badezimmerschrank

die Kachel

der Schwamm

der Rasierer

das Shampoo

die Toilette

der Wandspiegel

das Rollo

der Wasserhahn

die Badewanne

das Waschbecken

der Wäschekorb

das Bidet

die Badezimmermatte

Jan und Monikas Schlafzimmer

Monika ist nach der Party so müde,
daß sie gleich ins Bett gegangen ist.
Sieht ihre Hälfte vom Schlafzimmer
nicht unordentlich aus?

Jan ist noch immer wach und
spielt mit seinem Lieblingsspielzeug.

der Wecker

das Sparschwein

die Gitarre

der Haartrockner

der Kleiderbügel

die Haarbürste

der Schreibtisch

das Poster

das Kopfkissen

die Bettdecke

der Papierkorb

der Stuhl

der Kleiderschrank

die Handtasche

das Spielzeugauto

die Jeans

die Lampe

das Radio

der Würfel

Garage und Werkstatt

Papa hat die Zwillinge heute gebeten, ihm in der Werkstatt zu helfen.

Mama und Papa haben ein besonderes Geschenk für Jan und Monika.

Kannst du erraten, was es ist?

das Garagentor

die Gießkanne

das Regal

der Kaninchenstall

das Brett

der Maschendraht

der Pinsel

der Farbtopf

der Blumentopf

die Schraube

der Holzhammer

die Säge

das Bandmaß

die Harke

die Hacke

der Rasenmäher

die Forke

der Spaten

die Zange

der Nagel

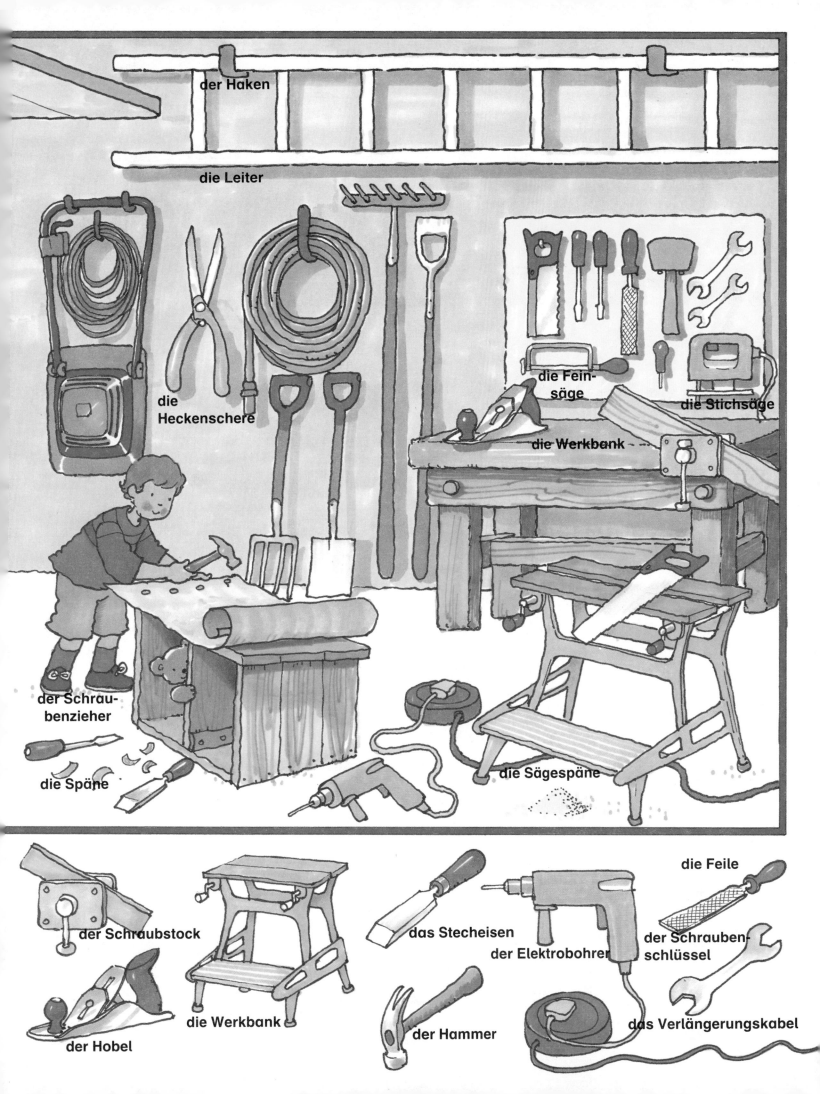

der Haken

die Leiter

die Heckenschere

die Fein-
säge

die Stichsäge

die Werkbank

der Schrau-
benzieher

die Späne

die Sägespäne

die Feile

der Schraubstock

das Stecheisen

der Elektrobohrer

der Schrauben-
schlüssel

der Hobel

die Werkbank

der Hammer

das Verlängerungskabel

Unser Garten

Alle sind draußen im Garten –
und mitten auf dem Rasen ist
das Überraschungsgeschenk:
ein kleines Kaninchen!

der Sonnenschirm

das Gebüsch

der Zaun

der Teller

das Glas

der Tisch

das Gewächshaus

der Rasen

die Zwiebel

das Laub

die Gabel

die Schaufel

die Gummi-
stiefel

die Schubkarre

der Kohl

der Spaten

das Rad

der Gartenschlauch

die Erde

der Kompost

der Eimer

die Schaufel

die Sandkiste

der Zaunpfahl

Das ist eine Liste
aller Wörter, die du
in diesem Buch
lernen kannst.

Apfel
Aquarium
Arbeitshose
Auto

Baby
Backofen
Badewanne
Badezimmer
Badezimmer-
matte
Badezimmer-
schrank
Ball
Banane
Bandmaß
Baseballschläger
Bauernhaus
Becher
Bett
Bettdecke
Bidet
Blumen
Blumen-
topf
Boot
Bratenwender
Brett
Briefe
Briefträger
Brot
Buch
Bücherregal
Buchstütze
Buggy
Bungalow
Bürste
Busch

Clown

Dach
Dachboden
Dachziegel

Schaumkelle
Diele
Dielenbretter
Doppel-
haus
Dose
Drahtzaun
Dusche

Ei
Eierbecher
Eimer
Einkaufswagen
Elektrobohrer
Elektrokabel
Erde
Etagen-
wohnung

Fallrohr
Farbtopf
Feile
Feinsäge
Feld
Fenster
Fensterbank
Fensterleder
Fensterputzer
Fensterrahmen
Fensterscheibe
Fernseh-
antenne
Fingerhut
Fisch
Flamme
Flasche
Forke
Foto
Fransen
Frau
Fries
Fußbank
Fußleiste

Gabel
Garagentor
Gardinenhaken
Gardinenstange
Garten
Gartenbank

Gartenschlauch
Geburtstagskuchen

Gebüsch
Gefrierfach
Gehwegplatte
Geschenk
Geschenkanhänger
Geschirrspülmaschine
Gewächshaus
Gießkanne
Gitarre
Glas
Globus
Glühbirne
Griff
Grill
Gummistiefel

Haarbürste
Haar-
trockner
Hacke
Haken
Hammer
Handfeger
Handlauf
Handtasche
Harke
Hausboot
Heckenschere
Heizkörper
Helm
Herd
Hintergarten
Hobel
Hocker
Holzhammer
Holz-
hütte
Hunde-
hütte
Hut
Hütte

Iglu

Jeans
Joghurt
Junge

Kabel
Kachel
Kaffee und
Kuchen
Kaffeekanne
Kaffeetisch
Kamin-
gitter
Kamm

Kaninchen
Kaninchenstall
Kantstein
Katze
Kehr-
schaufel
Keks
Kerze
Kerzenhalter
Kette
Kinderbett
Kinder-
hochstuhl
Kindersitz
Kinderstuhl
Kinderwagen
Klappleiter
Klavier
Kleiderbügel
Kleiderschrank
Kletterpflanze
Kochbuch
Koffer
Kohl
Kompost
Kopfkissen
Kopftuch
Küche
Kuchenform
Küchen-
handtuch
Kühlschrank

Lampe
Lampen-
schirm
Laub
Leiter
Licht-
schalter